AF275342

José Antonio Moreno Jurado
Por qué no soy transigente

ómnibus ensayo - 1

Primera edición: septiembre de 2025

Dirección: Jesús Aguado y Joan de la Vega

Consejo editorial: Pablo F. Sopuerta, Lola Irún,
Paula Gámiz y Maribel Sola

© texto, José Antonio Moreno Jurado
© LA GARÚA LIBROS
Barcelona (España)
www.lagaruapoesia.com

ISBN: 979-13-990034-2-0
Depósito Legal: B 11374-2025

I

Estoy cansado de transigir. Transigir en todos los sentidos. Con los que siguen argumentando la existencia de un alma o de un espíritu. Con los que sienten en su interior que cada filósofo y cada creyente están en posesión de la verdad. Con los que venden y los que compran. Con los que hacen del dinero una norma de conducta. Con los que matan bajo la obsesión del poder, bajo la pasión del poder. Con las derechas y las izquierdas que sólo ven la rueda en movimiento del presente, como decían los poetas bizantinos. Con la televisión y la prensa que alteran los sentidos de los débiles. Con el engaño de la cosmética y las operaciones estéticas que no sienten la cercanía de su degradación, de su inevitable degradación. Con los que creen en los anuncios publicitarios. Con los que construyen mansiones que nunca se llevan a la tumba. Con los que sólo miran el instante y se creen eternos.

II

Tras aquellos folletos editados con motivo de la conferencia que pronunció Bertrand Russell cerca de Londres, en 1927, cayeron sobre él los truenos y relámpagos de organizaciones conservadoras y creyentes (Hijos de Xavier, Sociedad Central Católica Americana, Antigua Orden de los Hiberneses, Caballeros de Colón, Gremio de Abogados Católicos, Sociedad del Sagrado nombre de Santa Juana de Arco, Conferencia de los Ministros Bautistas Metropolitanos, Conferencia del Oeste Medio de la Sociedad de Mujeres de Nueva Inglaterra y los Hijos de la Revolución Americana del Empire State) que consiguieron que no se le concediera una cátedra en Nueva York, a pesar de haberle sido otorgada por la Junta Universitaria. La conferencia se incluyó más tarde en su libro titulado *Por qué no soy cristiano*.

III

Aunque, a mí personalmente, me parecen flojos algunos de sus argumentos y disquisiciones, especialmente el apartado que dedica a la muerte y la refutación del argumento cosmológico o de la causa primera, he de admitir que su obra influyó decisivamente en pensadores que renegaron de las tres religiones del Libro. Así, en 1995, aparece la obra de Ibn Warraq *Por qué no soy musulmán*; en 2011, *Por qué no soy cristiano*, de Richard Carrier; en 2015, *Once a Jew. Always a Jew?*, de David Dvorkin, y finalmente, en 1996, sobre las religiones ajenas al Libro, *Por qué no soy hindú*, de Kancha Ilaiah.

No quiero ocultar que también se sucedieron libros escritos en sentido contrario, es decir, en la expresión de la voluntad de ser o seguir siendo cristiano.

IV

Sentí la necesidad, sin saber muy bien por qué, de expresar mi pensamiento sobre lo divino y lo humano. E imaginé, siguiendo el título del libro de Russell, que me era lícito hablar de mi intransigencia ante todo lo que considero fuera de la razón y del sentido. Nuestro andar diario de error en error, de prejuicio en prejuicio, de sinsentido en sinsentido. Sin embargo, no me importa en absoluto si tengo razón, o no, en todo o en parte de cuanto digo.

Y como tantos otros hombres, reyes y plebeyos, redactan testamentos pomposos u ordinarios, me creí con el derecho de redactar yo también el testamento de mis ideas, de mi visión del mundo, puesto que no tengo otros bienes que dejar en herencia.

V

Muchos pensadores coinciden en que la aparición de las religiones y de los dioses se debe exclusivamente al miedo. Al miedo a la muerte y a la desaparición total. Sin embargo, desde los animistas prehistóricos hasta nuestros días, existe una creencia general en la existencia del alma. Pasando por Platón, para quien «el cuerpo es la prisión del alma» y, al morir el cuerpo, el alma se libera definitivamente.

Nos vemos obligados, en Occidente principalmente, a olvidar el materialismo de Demócrito y de sus seguidores (todo es materia compuesta de átomos de mayor o menor densidad), incluso a olvidar todo el ateísmo griego, porque ya se encargaron de silenciarlo los Padres de la Iglesia y no llegó en absoluto hasta nosotros. Sólo conocemos las citas o los nombres que recogieron otros autores. Se olvidaba así una parte necesaria del pensamiento humano.

VI

De todo ello nació dentro de mí, como decía, el impulso, el mismo exactamente que me condujo a la elaboración de muchos de mis libros, de reflexionar ahora sobre mi profundo sentido de la intransigencia. Una intransigencia, además, que viene cargada de Humanismo aunque desdeña las creencias generales sobre la sociedad, la economía y la religión. Así, mis amigos me llaman comunista, asocial y ateo sin remisión. Mis enemigos, al contrario, me llamarán estúpido y quedarán después en silencio. Al fondo, repito, me duele el hombre, me duele el engaño en que vive diariamente, me duele el dolor, el hambre, la guerra y me duele más aún que el hombre no quiera pensar en su muerte, en su degradación y en la pérdida de su individualidad.

VII

Ya Spinoza se atrevió a distinguir entre muerte biológica y muerte individual, avanzando así en la comprensión de la realidad de lo existente. Y aquí radica, al menos para mí, el verdadero problema: el sometimiento del individuo al poder universal de la naturaleza. Un sometimiento cruel que entraña el nacimiento involuntario, la degradación involuntaria y la involuntaria desaparición del yo. Un yo, desde luego, que no tiene en sí mismo la posibilidad de ser en libertad frente a la naturaleza que lo domina plenamente. Por eso repito que todo el proceso es verdaderamente estúpido.

VIII

Esa fuerza universal a la que Bergson llamaría *élan vital*. O lo que fácilmente llamaríamos «energía del todo». Es decir, aquello que transforma al hombre, contra su voluntad, en un simple juguete de la naturaleza. Vivir para dejar de ser. Nacer para la muerte como he repetido en diferentes ocasiones.

Y ese élan vital lo inunda todo mostrándose inflexible y mirando únicamente hacia adelante, sin importarle cuanto deja atrás. El fin que pretende está, sin embargo, fuera de él devorándolo todo continuamente. Y esa finalidad sólo puedo encontrarla en el movimiento continuo que entraña, también, tiempo. Porque el tiempo es únicamente movimiento.

Extrapolando un poco, ese vital movimiento del todo llega a ser para muchos hombres, filósofos, poetas, soñadores, la expresión de un panteísmo universal. El mayor error consistiría en atribuir al todo los mismos atributos que el pensamiento humano, contra toda razón, atribuye a Dios.

IX

Hay una confusión inevitable para muchos, pero, en el fondo, muy fácil de comprender. Cuando hablamos de libertad, no nos referimos a un concepto universal que abarque todas las manifestaciones del ser humano. La libertad sólo se da en el ámbito de lo social, en el ámbito de las relaciones humanas y en la elección entre dos vías del instante: ir por aquí o por allá, hacer o no hacer algo, estar sometido, o no, a la injusticia, a la opresión del poder o de la esclavitud. Sólo en ese territorio podemos sentirnos, o no, completamente libres. Pero no hay libertad en el nacimiento ni en la muerte. Ni siquiera tenemos libertad frente a nuestro cuerpo. Nadie puede decir: «¡Corazón, funciona bien, sin infartos!», «¡Riñones, filtrad como es debido».

La conclusión necesaria, por tanto, es considerar que la libertad sólo se da, como digo, en el ámbito de lo social, en el ámbito de las relaciones humanas.

X

Hablé suficientemente del argumento ontológico de Anselmo de Canterbury, en 1078 (*Ética a un burro*, Padilla Libros, Sevilla, 2020, págs. 87-89), y no pretendo en absoluto repetirme a mí mismo. Sólo recordaré el enredo de sus silogismos («mayor que lo cual no puede darse») y las complicaciones innecesarias del verbo ser. Alabado por muchos, desdeñado por otros, el argumento ontológico fue definido por Kant como «razonamiento a priori». Para mí, en cambio, dicho con mayor claridad, lo que se da en la mente, en el pensamiento, no tiene obligatoriamente que darse en la realidad, es decir, en la existencia. Que yo piense, con mi razón, que lo mayor que puedo pensar es Dios no significa que Dios exista.

Sin embargo, siento en estos momentos la necesidad de repasar brevemente las cinco vías que propone Tomás de Aquino para demostrar la existencia de Dios en su inconclusa *Summa Theologiae*.

XI

Sean, o no, leyendas o chismes de sus contemporáneos, nos contaban en nuestra adolescencia que Tomás de Aquino, a quien nombraban ante nosotros como Fray Seráfico, era tan gordo, tan inmensamente gordo, que tenían que hacerle cortes ovalados en su mesa de escritorio para colocar su barriga y poder escribir con cierta facilidad. Y, además, que nunca fue tentado en aspectos carnales. Nosotros, con la crueldad de los adolescentes, nos reímos entre nosotros y decíamos en voz alta: «¡Como era tan gordo, tan gordo, no alcanzaba a tocársela con la mano! ¡Por eso no tenía tentaciones!».

XII

Pero intentó demostrar la existencia de Dios acudiendo, como se sabe, a cinco vías de demostración: el movimiento, la causa eficiente, lo contingente y lo necesario, el grado de perfección y la finalidad de los seres. Era fácil. Se sirve ampliamente de dos tesis de Aristóteles: el motor inmóvil, algo o alguien que lo mueve todo pero cuya perfección no le permite moverse, y la teoría de la potencia y el acto, el ser en potencia se convierte en acto.

Y pasar de potencia a acto requiere movimiento y constituye, por tanto, una imperfección manifiesta. Como uno de los atributos que se dan a Dios es la perfección absoluta, no puede tener entonces movimiento y, por tanto, no puede pasar de potencia a acto.

XIII

Sin embargo, las sustancias físico-químicas, el universo ilimitado y cerrado en sí mismo, el origen de la vida, los campos gravitatorios, la energía que ni se crea ni se destruye, aunque se transforma, y la expansión continua de lo existente, contradicen la atribución a Dios de cada una de las vías de Santo Tomás.

Lo mismo ocurre con los conceptos de contingente y necesario. Como todo es contingente debe existir algo o alguien necesario, es decir, algo o alguien que tenga en sí mismo la razón de su existencia. Y, como se comprende, el aserto es tan sólo una reducción al absurdo y no entraña, así, demostración alguna. En todas las vías se da un salto desde lo que se razona hasta la afirmación de la existencia de Dios. De forma caprichosa desde luego. Fue, en realidad, un esfuerzo de racionalizar lo que no puede racionalizarse en absoluto, es decir, la fe.

XIV

Intento frustrado. Sin embargo, el dilema que se desprende de todo ello es llegar a comprender cómo las cinco vías se impusieron en la mentalidad de los creyentes. Muchas veces se impusieron por miedo, la mayor parte de las veces por ignorancia y, muy especialmente, por el uso de la violencia o de la muerte contra el no creyente o contra el que dudara.

Son sobradamente conocidos, entre muchos otros, las condenas a muerte de Miguel Servet, de Giordano Bruno y de Giulio Cesare Vanini, quien siempre me sedujo misteriosamente por su afirmación de que los hombres descendían de los monos, siglos antes de las teorías evolucionistas de Darwin.

XV

Así, hemos llegado en nuestros días a un paroxismo extraordinario, fuera de toda lógica posible, a una especie de delirio sin fin en el que no sabemos dónde empieza la religiosidad y dónde empieza el folclore y, por supuesto, dónde terminan ambos. Me refiero a todas las manifestaciones públicas de romerías, procesiones, capilleos, imágenes, bordados, fiestas eucarísticas y algunas más. No es bastante hablar, como aseguran muchos, del mantenimiento de la tradición, porque las tradiciones seculares desaparecen con los avances de la ciencia y con la observación de los derechos humanos. Sírvanos, como ejemplo, aquella tradición de las parteras que tenían en Sevilla un barrio especialmente dedicado a ellas, el de la calle Feria. Allí acudían las parturientas o sus familiares en semejantes casos. Sin embargo, la tradición fue desapareciendo lentamente con la aparición de los hospitales.

Incluso me pregunté, en libros anteriores, si se debe conservar, o no, una tradición tan antigua como la ablación. Toda tradición no es cultura en sí misma, porque hay tradiciones que son claramente disculturas.

XVI

Entonces, ¿cómo voy a transigir con las asociaciones reaccionarias que ponen demandas ante los jueces cuando consideran que alguien actúa contra los sentimientos religiosos? No dicen contra la fe, sino contra los sentimientos religiosos, equivocando conceptos y alterando el orden de la lógica. Si la religión es un sentimiento, no una aceptación de la fe, he de tener, también yo, sentimientos ateos. ¿Por qué no? Tengo, yo también, mis propios sentimientos. Y, así, todas las actividades religiosas ejercen sobre mí una violencia absurda e innecesaria, una violencia que me degrada. Aquella violencia que me obligó a vomitar, una vez al menos, en el momento de atravesar por la mitad de una cofradía de Sevilla para llegar a casa. Me sentí invadido por lo absurdo. Me violentaban las imágenes, la música, las dalmáticas, la orfebrería ad hoc, los mantos con brocados de oro, los crucificados, el incienso y el olor a azahar. Pero no puse demanda alguna ante los jueces.

XVII

Para incidir una vez más en la piedad popular añadiré cierta pequeña historia. Una pobre anciana me dijo cierto día que iba a rezar una vez por semana a San Pancracio. Acudía a la iglesia, desde luego, con una buena fe ignorante. Y me dijo que una y otra vez pedía al Santo un trabajo digno para sus hijos. Comprendí entonces que San Pancracio, inmóvil en su hornacina, sabía muchísimo de economía y controlaba todos los aparatos del Estado. Incluso deberían llamarlo desde Bruselas para enderezar la economía europea. Y hasta era posible que fuese nombrado ministro de trabajo. Sin embargo, la pobre anciana no consiguió nunca ser escuchada por el Santo y sus hijos sólo consiguieron trabajos excesivamente precarios.

XVIII

La muerte ha sido tema central de la filosofía de todas las épocas. Sin embargo, la mayor parte de los filósofos occidentales, siguiendo a Platón y a Aristóteles, parten de la existencia del alma y, por ello, consideran la muerte como una liberación. El alma, así, se libera del cuerpo para ser idea, como decíamos antes. Otros filósofos, en cambio, se acercan a la muerte como si se tratara de la única experiencia posible, dan vueltas al comportamiento de la vida de cada uno con relación a la muerte o no profundizan más que en lo accesorio de la muerte.

Nos enriquece y ayuda, como quería Platón, el «estudio de la muerte»; o no debe preocuparnos, como quería Epicuro, «porque la muerte no significa nada. Si somos, la muerte no es y, si la muerte es, no somos nosotros».

Como nadie muere dos veces, aseguraba Camus que «no existe experiencia de la muerte». O, como decía Hanna Harendt, «lo único inmortal en el hombre es su obra de creación, porque perdura durante siglos más allá del artista». Idea sacada posiblemente de Nietzsche en *El Crepúsculo de los ídolos*: «El Arte es la única posibilidad de salvar al individuo del dominio de la muerte».

Las dos afirmaciones, sin embargo, pertenecen a lo que llamo amabilidad de pensamiento, *consolatio*, pero no resuelven en absoluto el problema de la degradación y de la desaparición del individuo. Al individuo le es indiferente que al arte siga existiendo tras su muerte porque no podrá contemplarlo o gozarlo. Sin referirme ahora al hecho de si el arte perdió, o no, la finalidad para la que fue creado: la utilidad y la enseñanza. Terminó convirtiéndose así en objeto de contemplación y de abstracción. Además en objeto relativo que depende del gusto y de la formación del que mira.

Más cerca de mi manera de pensar se encuentra la filosofía existencialista de entreguerras: lo absurdo, lo inevitable, lo paradójico de la existencia.

Yo añadiría que todo el proceso de la vida es estúpido: nacer por azar, ser un individuo, construir lentamente esa individualidad diferen-

ciadora, reproducirte, sufrir una degradación abe-
rrante y morir ocasionando la desaparición de
esa individualidad. ¿Es estúpido o a qué llamamos
estupidez?

XIX

Recientemente, algunos conferenciantes o divulgadores están poniendo de moda ciertas imposibilidades poco demostrables. Basándose en experiencias extrasensoriales cercanas a la muerte, aseguran que el yo, ellos dicen voluntad, sigue existiendo tras la muerte. Y las voluntades pasan a otra dimensión, cercana a la física cuántica, en donde son recibidas por familiares, allegados y amigos entre besos y caricias. Hablan entre sí de sus experiencias corporales, dialogan constantemente y participan de una felicidad y una quietud extraordinaria.

Yo, ingenuo de mí, pregunté a uno de sus seguidores: ¿Cómo puede un yo, una voluntad, abrazar, besar y hablar acaloradamente sin unos brazos que abracen, sin unos labios que besen, sin una boca que hable? Me contestó que, en aquella dimensión, la voluntad actúa de manera diferente, besa, abraza y habla con sólo la intención o voluntad de besar, abrazar y hablar. Y todos tan contentos.

XX

Para encontrar una goma de borrar perdida, un bolígrafo o algún juguete, mi madre me aconsejaba que hiciese un nudo en el pañuelo y rezara a San Cucufato: «Cucufato bendito, los cojones te ato. Si no encuentro mi..., no te los desato». Sin embargo, mi madre, tímidamente modesta, como todas las mujeres de la Sierra de Huelva, no pronunció nunca la palabra cojones.

XXI

Los hombres se rebelan contra la injusticia, contra la opresión, contra la falta de libertad y contra las diferencias sociales. Hacen guerras, además, por la pasión de poder, por ocupar territorios de otros pueblos, por ideologías carentes de Humanismo. Sin embargo, nadie querría rebelarse contra la naturaleza que los hizo nacer para la muerte y, una vez conseguida su individualidad, los obliga a asistir a su propia degradación y a su muerte.

No veré nunca, para mi mal, que los hombres se rebelen un día contra la misma naturaleza, porque, abandonados a sus pasiones, al gozo del cuerpo, a la falsa estimación del presente, no se esfuerzan nunca en «el estudio de la muerte». Aunque todos la conocen de oídas, nadie se enfrenta a ella voluntariamente para encarar su desaparición individual. La única revolución posible sería que los hombres no tuvieran hijos. Una quimera, por supuesto.

XXII

A veces me pregunto desesperadamente para qué forjé mi individualidad en los estudios, en los escritos, en las lecturas, en mis poemas y en las traducciones de griego. Una carrera de Filología, una tesina, un doctorado, cientos de libros leídos, cientos de libros escritos, un doctorado honoris causa y una soledad absoluta. ¿Para ser un montón de huesos en un osario o un puñado de ceniza en un crematorio?

XXIII

Me resulta imposible transigir con quienes te invitan a café, te dan golpecitos en la espalda para animarte y, cuando te giras, te crucifican ante los otros. Es la costumbre de los animales sociales (en el sentido aristotélico del ζώον πολιτικόν) y de los escritores en general o de los artistas. Resumidamente, se diría: «Soy muy amigo tuyo en presencia, pero un rival empedernido en ausencia».

XXIV

Casi todo es mentira excepto la materia en todas sus formas. El amor más exaltado, más romántico, desde Cleopatra y Marco Antonio hasta hoy, el que dura más allá de la muerte o el que afirma «hasta que la muerte nos separe», sólo proviene de un instinto al que te obliga la naturaleza, o de una enfermedad del cerebro, como dicen algunos, y de una necesidad sexual también instintiva.

Y el que ama cree que ama libremente, *motu proprio*, arrebatado por un romanticismo endiablado y lleno de pasión y le resulta imposible ver y analizar los fantasmas que recorren su cerebro. No comprenden que el amor se da en ellos por orden de la naturaleza y que no son libres de aceptar o de negarse al amor. Un día hablará la ciencia en este sentido.

Incluso la amistad, la más fiel y la más sincera, esconde en el fondo el deseo inconsciente de mitigar un poco la soledad interior que amenaza a todos. Es, por tanto, siempre interesada aunque no lo comprendamos.

XXV

Mi ciudad es una barca encerrada en sí misma durante siglos que navega sólo en una dirección imaginaria aunque inexistente. Navega hacia ninguna parte. Ignora que los puntos cardinales son cuatro principales más los adyacentes. También ignora que la única dirección posible es la razón, no los farolillos o los cirios de sus celebraciones. En esa barca, adornada siempre con un papel multicolor que deshacen la lluvia y el viento, la piedad y la lascivia se mezclan tan estrechamente que no puedes apenas separarlas. No las identificas fácilmente. Se abrazan, se besan, se penetran. Oración y lascivia en las que no caben las disidencias.

El hombre a caballo que canta «Ave, María» mientras mira apasionadamente a la muchacha como si quisiera penetrarla. La muchacha de faralaes que mira al caballista mientras canta «Ave, María» como si quisiera ser penetrada. Oración y lascivia al unísono.

XXVI

Llevan también en la barca toros de lidia. Y se gozan, entran en éxtasis, se divierten y aplauden cuando clavan en el toro puntas, banderillas y el estoque final de la muerte. No comprenden que el torero, con la moneda falsa del valor que le atribuyen, sabe y tiene uso de razón, conoce el efecto doloroso de rejones y estoques, mientras el toro no sabe para qué sirve un estoque, siente dolor y sólo se deja llevar por su instinto.

Por eso, en esa barca, la soledad araña mucho más tus mejillas, te mesa el cabello y te lastima. Aguantarás si estás dentro de la barca, en altamar, pero, si estás afuera, en tierra firme, caerán maldiciones sobre ti para demostrarte que nada eres. Ni nada son tus libros, tus estudios, tus traducciones porque, en tu intransigencia, no compartes ni la muerte del toro, en cuanto diversión o espectáculo, ni la oración ni la lascivia que van siempre de la mano.

XXVII

Ella le decía: «Vamos a dar un paseo hasta la playa pero a través de los pinos que dan al mar. Lo hacíamos siempre. Era nuestra costumbre. Porque sé que los pinos hablan de ti con frecuencia e incluso dicen tu nombre en voz alta y con ternura. Y me besarás otra vez casi a escondidas de los otros. Pero al menos, si no quieres dar un paseo porque te encuentres muy cansado, llámame por teléfono. No puedo estar todo el día muriendo de ansiedad. Y el teléfono no suena. Y espero una y otra vez pero el teléfono no suena. Escuchar tu voz una vez más. Ese sonido de palabras tan tuyas y tan mías».

Pasaba el tiempo y era incapaz de recordar que lo había enterrado hacía ya más de tres meses.

XXVIII

Por mi confeso ateísmo, no caerá sobre mi lecho, cuando muera, una lluvia de pétalos de rosas. Me lo merezco. Por eso pienso, a veces, cuando estoy solo, si sería conveniente volver a creer. Conveniente. No me gustaría perderme un gesto tan romántico, tan oloroso y tan placentero. Aunque no veré nada de eso si estoy muerto. Toda la habitación inundada de pétalos de rosas. Y además esa individualidad mía deshaciéndose lentamente.

Y mucho más me gustaría tener el don de la ubicuidad que se concedió a pocos. Interpretaría así en la escena del mundo buenas obras de comedia para provocar carcajadas y risas. Y estaría al mismo tiempo en Gaza contemplando la muerte de los niños que a nadie importa.

XXIX

La vida que llevamos, además de estúpida, parece una especie de comedia o de tragedia del absurdo. Los que tienen labios pequeños se operan para tenerlos grandes, los que tienen los labios grandes se operan para tenerlos pequeños, los que tienen un culo pequeño se operan para tenerlo grande, los que tienen un culo grande se operan para tenerlo pequeño, los que tienen labios pequeños se operan para tenerlos grandes, los que tienen labios grandes se operan para tenerlos pequeños. Y estúpidamente giran y giran, como marionetas en una feria, a la espera de la degradación.

XXX

Leo la prensa y me entero de que en mi ciudad celebrarán el día 8 de diciembre la Magna. La Magna quiere decir sencillamente un paseo de cofradías por las calles que durará aproximadamente 40 horas. Lo de Magna será sin duda por culpa de su cultura latina, es decir, saben latín hasta por las mangas.

Yo en cambio me pregunto si todos estos, que se llaman cristianos, son los mismos que quemaban los templos paganos, mataban a sus sacerdotes y vestales, se apropiaban de los campos de alrededor y robaban sus cosechas. Y me digo a mí mismo: «*Cave canem*».

Ni lloran ni se alegran, porque no saben, de que aquel emperador español, Teodosio el Grande, se mostrara como el hombre más débil y más sometido vergonzosamente a Ambrosio de Milán, después del 390, tras la matanza de Tesalónica. Teodosio traicionó la ideología de Marco Aurelio, envileció la larguísima tradición del paganismo y provocó que el Cristianismo triunfase definitivamente en el Occidente europeo. Es muy conocida la frase de Ambrosio cuando impidió la entrada del emperador a la catedral de Milán: «El emperador está en la Iglesia, no por encima de la Iglesia».

A partir de este momento, cayó en Occidente la más completa oscuridad. Nos convertimos así en los ciegos que deambulan por toda Europa. Y aquí, en mi ciudad, ante las 40 horas de procesiones, los obispos, apoyados en los medios, nos hablan una y otra vez de los encantos de la piedad popular. Yo preferiría el término ignorancia popular.

XXXI

Pero no imagino, ni invento, ni tergiverso. A lo largo de mi vida, hablé con infinidad de creyentes populares, como ellos dicen, y ninguno sabía cuáles son los sacramentos de la Iglesia, menos aún de dónde procede cada uno de ellos, ni conocían los dogmas, ignoraban los concilios que se celebraron a lo largo de la historia y jamás habían leído encíclicas de los pontífices.

En cambio, sabían de memoria el color de los cirios, los varales, los bordados, los mantos de las vírgenes, las flores de cera y mil elementos más que se me escapan. ¿Significa fe en verdad? Me resulta enormemente paradójico y aleccionador.

XXXII

Muchos filósofos, siguiendo aquel dicho de Platón del «estudio de la muerte», se propusieron enseñar a los otros a morir. Creían que era necesario aprender a morir, aunque cada uno seguía la propia ideología de la escuela a la que pertenecía.

Epicteto, aquel manumitido en Roma, que alimentó más tarde los principios de los estoicos, decía en lo poco que se conserva de él: «Deja que los otros se dediquen al estudio del derecho, a la poesía o a hacer silogismos. Tú, en cambio, dedícate a aprender a morir».

XXXIII

Marco Aurelio, sin embargo, practica su estoicismo desde un punto de vista moral con el que pretende dirigir el comportamiento del individuo: «Vivir cada día como si fuese el último, nunca perturbados, nunca apáticos, sin adoptar pose alguna». Evidentemente no explica la muerte, sino el comportamiento del ser vivo. Su doctrina, por otra parte, es más un desiderátum que una meta alcanzable.

Yo, al menos, no puedo ser estoico ante una separación, ante el dolor propio, ante el dolor ajeno, ante una pérdida.

XXXIV

Incluso Michel de Montaigne, en sus *Ensayos*, sigue convencido o sometido a aquella opinión de aprender a morir: «La vida nada tiene de malo para quien ha entendido que la muerte no es un mal. Saber morir nos libera de toda sujeción y constricción». Y yo repito: una ingenuidad aplastante.

Personalmente, la idea de aprender a morir me resulta incoherente y me conduce a un mundo de ideas absolutas que contradice la realidad humana.

Incluso Freud, en el *Malestar de la cultura*, acude a este aprendizaje de la muerte: «Si quieres soportar la vida, prepárate para la muerte».

Las muertes de Sócrates y de Séneca entrañan una aceptación impuesta por factores externos a los dos filósofos: la condena de los jueces y el orgullo ante Nerón. De esa manera, el hombre se enfrenta a dos posturas individuales: aceptar o no aceptar la muerte, aguantar o no aguantar la muerte.

Por eso, contra aquella enorme cantidad de filósofos que propusieron «aprender a morir», considero que repugna a la razón (empleando una frase muy querida por Tomás de Aquino) el hecho de aprender a morir. Ningún hombre, en su sano juicio, puede aceptar la desaparición de su individualidad.

Mi amigo Blas, casi de mi misma edad, de Corteconcepción, una pequeña localidad próxima a Aracena, representa el polo opuesto a la actitud de aquellos dos filósofos. Murió agarrado a los barrotes de su cama, entre horribles dolores, gritando continuamente: «¡No quiero morirme! ¡No quiero morirme!». Y murió.

XXXV

La mayor aberración, desde un punto de vista ontológico, es decir, desde la desaparición del ser, es el deseo de morir, la voluntad de morir. Cuando los dolores se vuelven insoportables y el movimiento voluntario resulta imposible, aparece en el hombre la voluntad de su desaparición, que se resume mucho más en la voluntad de dejar de sufrir que en el pensamiento de la completa desaparición del yo. El dolor, entonces, predomina por encima de la individualidad. Terriblemente cruel, por cierto.

XXXVI

Hoy, sin embargo, la medicina paliativa anula la conciencia de la muerte, es decir, no sólo alivia el dolor de la enfermedad, sino, como digo, la conciencia instantánea de la muerte. Así, como curiosidad, la medicina paliativa ha arruinado también la opinión de aprender a morir y todos aquellos filósofos han quedado desnudos de argumento.

Incluso ese tipo de medicina ha conseguido que la muerte no constituya una experiencia, porque anula la voluntad o el conocimiento de la muerte.

XXXVII

Pero me escandaliza también que los filósofos copien frecuentemente las doctrinas de otros. Un autor como Agustín de Hipona, en *La ciudad de Dios*, repite, casi exactamente, las palabras o los convencimientos de Séneca en su *Ad Marciam de Consolatione*: «Porque el tiempo vivido es un pellizco dado a la vida y diariamente disminuye lo que resta, de tal forma que esta vida es sólo una carrera hacia la muerte».

En Séneca leemos: «Desde aquel día en que vio la luz por primera vez, emprendió el viaje hacia la muerte y se acercó más a su destino. Y los mismos días que se añadían a su adolescencia se restaban a su vida. Todos nos movemos en este error de no creer, si no es cuando somos ancianos y caducos, que nos dirigimos ya hacia la muerte, cuando lo cierto es que nos llevan a ella la infancia, la juventud, cualquier edad. Los hados realizan su tarea: nos privan de la conciencia de nuestra muerte y ésta, para sorprendernos con más facilidad, se esconde bajo el nombre mismo de la vida; la niñez se lleva a la infancia, la pubertad a la niñez, y el viejo hace desaparecer al joven que fue. Los progresos mismos, si los contabilizas bien, son pérdidas».

XXXVIII

Pero me encuentro más cerca de los existencialistas que se preocuparon de la desaparición del individuo, de la individualidad del ser, en el momento de la muerte. No, en efecto, del confrontamiento del individuo y la especie como quería Karl Marx, en sus *Manuscritos*: «La muerte aparece como una dura victoria de la especie sobre el individuo».

Antes bien, siempre he dicho que todo el proceso de la vida misma, la finalidad de la propia naturaleza, no deja de ser un proceso estúpido al que casi nadie quiere enfrentarse por comodidad o desconocimiento.

Por eso acudo una vez más a Jean Paul Sartre cuando dice en *El ser y la nada*: «Lo que debemos tener en cuenta es el carácter absurdo de la muerte», y a Simone de Beauvoir en *Una muerte muy dulce*: «La muerte es una violencia indebida».

XXXIX

Aunque no estoy de acuerdo con las definiciones de experiencia de algunos filósofos, sí me interesa el punto de vista de Sándor Márai, en sus *Diarios*: «Nacer no es una experiencia porque es un hecho accidental, nos pasa sin más, involuntariamente. La muerte sí constituye una experiencia puesto que nos acontece contra nuestra voluntad».

Nos falta decir una vez más que tanto el nacimiento como la muerte, sean experiencia o no, constituyen la prueba definitiva de la estupidez de un proceso al que estamos sometidos obligatoriamente. La voluntariedad y la involuntariedad no tienen cabida en el proceso que la naturaleza nos impone. Estúpido, repito.

XL

Me resulta imposible transigir con quienes alardean públicamente de su sexo o de su género. El macho que alardea públicamente de ser macho, la mujer que alardea públicamente de ser hembra, el ente homosexual que alardea públicamente de su homosexualidad. Mostrar a los demás la inclinación individual del sexo o el género, aireando al mismo tiempo cuerpos increíbles o movimientos exagerados y amanerados, irrita a la razón y provoca asco e incluso conmiseración. Sexo y género pertenecen al campo de la individualidad, al más íntimo yo, y cualquiera de sus manifestaciones externas ante los otros, alardeando además, supone un exceso que supera la lógica y la razón.

XLI

Tal vez la filosofía no sea capaz de explicar la muerte con más precisión. Adolece de partes oscuras que nada explican. Bien por la ideología o creencia de cada filósofo, bien porque está sometida al tiempo y a los avances científicos que llegan después de que emitan sus juicios.

XLII

Todo es mentira. Robé del jardín de un vecino una rosa blanca, sólo por su belleza y su aroma. Subí al quinto cielo aspirando su perfume una y otra vez. La puse en un vaso de agua y, al día siguiente, se marchitó. Ni figura ni aroma. ¿Fue realidad o era solamente un engaño de mis sentidos?

Subí a la terraza de la casa e intenté abrazar el arrebol del crepúsculo. No pude porque, al instante y contra mi voluntad, sobrevino la noche. ¿Fue realidad o era solamente un engaño de mis sentidos?

Viví con mis abuelos y mi padres al calor del verano y al frío del invierno. Lentamente dejaron de ser, uno a uno. Y en soledad. ¿Fue realidad o era solamente un engaño de mis sentidos?

Entregué al amor cuanto me correspondía de dicha y de sufrimiento. Pero el amor caminaba hacia la muerte y se fue como había llegado. Nada. ¿Fue realidad o era solamente un engaño de mis sentidos?

Son mentira, por tanto, o realidades engañosas, la belleza, la naturaleza, la familia e incluso el amor.

XLIII

La enfermedad más letal de nuestro tiempo resulta ser la mediocridad. Se infecta fácilmente de unos a otros por la respiración y por el tacto. Y no existen mascarillas de protección. Sales a la calle y te la encuentras de frente, alardeando de su infinito poder. Vas a tomar café y está pegada a la cucharilla. Además, no se han descubierto aún vacunas o similares que puedan curarla. Afecta ya, como una pandemia incontrolada, a más de media humanidad. Y, para el colmo de los colmos, ningún país se encuentra a salvo porque se propaga de frontera en frontera con libertad absoluta. Se infectan con mayor facilidad los gobiernos de los países del mundo, la televisión, la prensa, las redes sociales y las religiones, aunque afecta mucho menos a los débiles, a los hambrientos, a los que mueren en guerras o en asesinatos masivos.

XLIV

Ya está bien. No lo repitas más. Sabemos que te sientes identificado con los filósofos que aseguraban que empezamos a morir cuando nacemos y cada día se va restando al tiempo que falta. Ya está bien. No insistas más.

Sin embargo, puedo asegurarte que comienzas a morir cuando eres consciente de la muerte de tus abuelos, de tus padres, de tus tíos y de los amigos que te dejan lentamente, poco a poco, casi de manera imperceptible. Sólo entonces, cuando alcanzas a comprender que todas aquellas individualidades ya no son, sentimientos que se deshicieron, aspiraciones inacabadas, los yo que se transforman en no-yo, el pensamiento de cada uno de ellos, el trabajo, el sexo, las opiniones, el carnet de identidad sobre la mesa, sientes la proximidad de la degradación y la desaparición.

Comprendes entonces, digo, la estupidez del proceso: crear con esfuerzo tu propio yo, diferente del otro, pensar por ti mismo, trabajar en el estudio o en todo lo demás, asistir a la desaparición de quienes te rodean, degradarte lentamente y dejar de ser. ¿Y puede pensar alguien que no es estúpido el proceso?

XLV

Los bien intencionados creen que la investigación, aunque sólo conozco la investigación en el terreno de las Humanidades, es un auténtico y purísimo camino de rosas. Pero nada más lejos de la realidad. Las universidades, no sólo las españolas, albergan a catedráticos, numerarios, profesores asociados y becarios que sólo aspiran a ser por encima de los otros. A existir por encima de los otros. Lo que hace o investiga cada uno es, sin duda, lo mejor que haya podido hacerse nunca. El egoísmo universal, diría. Y desdeñan así cuanto investigan los otros. Ni siquiera los leen.

La endogamia, además, se extiende por doquier y se pavonea por los pasillos. Incluso en las oposiciones. Lo normal es tener dos caras diferentes como Juno, una hacia adelante y otra hacia atrás. Siempre me gustó denominarlos, en sentido aristotélico, animales universitarios (Ζώον πανεπιστιμηιακόν). Son los que se reparten la tarta de las mesas redondas, las conferencias, las revistas, las publicaciones en general. Te invito a dar una conferencia en mi universidad si tú me invitas a dar otra en Buenos Aires, es decir, el consabido *do ut des* de los débiles al uso.

XLVI

Los psicólogos, los aficionados a la psicología, los crédulos, los que sólo ven el mundo con ojos de buenas monjas han escrito durante años cientos de libros sobre la felicidad. Sus pretensiones generales, llenas de principios inalcanzables, suelen ser «cómo ser felices o cómo alcanzar la felicidad».

Pero encuentro dos objeciones necesarias a todos esos planteamientos que, según ellos, sirven para alcanzar la felicidad. El primero es que el ser del hombre no puede basarse en la felicidad o en la infelicidad, sino únicamente en la angustia de ser, en la conciencia diaria, inherente a su condición intrínseca, de ser para la muerte. Esta angustia, por cierto, destierra del hombre cualquier estado que podamos considerar feliz o infeliz. Son categorías diferentes e incluso contrarias.

La segunda objeción se basa en la propia esencia de la felicidad, es decir, en que es únicamente un estado de ánimo momentáneo, no duradero, que cambia a cada instante según las circunstancias de cada individuo.

XLVII

A veces, siento dentro de mí un pánico incontrolable. Exactamente cuando miro con atención fotografías antiguas. En blanco y negro o en color, da lo mismo. Rostros inmóviles que nada pueden decir de sí mismos, que ocultan fuertemente sus pensamientos y sus emociones, que quedaron así presos del instante, inmóviles, y son incapaces de liberarse de aquello que fue su presente instantáneo. Quiero decir liberarse del instante. Están y estarán siempre encerrados en una farsa, la farsa del recuerdo.

Y, sin embargo, cada uno sentía, se emocionaba, reía o lloraba según las circunstancias. Porque estaban vivos en el instante. En cambio, la fotografía no se esfuerza en decir nada de todo eso. Se calla y oculta. Se nutre sólo de un presente y calla. Todas aquellas figuras, aunque las amamos, se convierten así en espantapájaros esparcidos por el campo, colocados allí solamente para que no se acerquen los recuerdos a la cosecha de la muerte. Y los recuerdos salen volando asustados.

XLVIII

Es seguro, en cambio, que, si en el pensamiento sobre la muerte la filosofía no ha sabido precisar sus conceptos, puesto que la dicotomía alma-cuerpo ha dividido siempre a los filósofos, en el terreno de los comportamientos sociales, ética y moral, la filosofía siempre ha sido bandera y estandarte. Desde el Humanismo clásico hasta el imperativo categórico de Kant y el utilitarismo de Jeremy Benthan y John Stuart Mill, tenemos toda una serie de indicaciones y pensamientos sobre el comportamiento individual y social del hombre.

A nadie interesa hoy, supongo.

XLIX

Me es imposible transigir con quienes, anulando su esencia humana, sólo tienen ojos para el capital y para las transacciones. Todo se vende y todo se compra. Se compran voluntades y engaños. El dinero no tiene ninguna empatía con los que sufren y los pensamientos extremos que recorren el mundo atienden sólo a la posible ganancia. El sufrimiento de los otros ha dejado de doler a la mayoría. El sufrimiento de los otros no importa en absoluto, se convierte en pasto televisivo donde pacen las ovejas del grupo social. Nuestro mundo se ha convertido así en excrementos que hablan.

L

«A los tibios los vomitaré de mi boca», decía el Libro. Aquellos tibios en la fe de otro tiempo son los mismos a los que hoy llamamos indiferentes. Los veo a menudo, con cortes de pelos extravagantes, con tatuajes en todo el cuerpo, con pinturas brillantes en sus caras, con ropas que parecen andrajos, caminando unos tras otros en una inmensa hilera. Como si se tratase de un ejército vencido que nunca presentó batalla alguna. Caminan con grilletes en los pies, lentamente, y con las manos atadas a la espalda. Miran al cielo y callan porque incluso la luz les es indiferente. Miran al mar y callan porque no les sorprende tampoco el ritmo de las olas y el caparazón de las conchas. Una inmensa caravana de vencidos que nunca van a ninguna parte, porque son indiferentes también a los lugares de la tierra, a los países de la tierra. Ni son ni están.

Indiferentes también al hambre, a la tristeza, al frío, al calor, a la lluvia y a la utopía.

LI

¿Por qué transigir entonces con la gran estupidez que adorna la cabeza de los hombres irreflexivos e incluso de la naturaleza misma con su círculo vicioso de nacimiento involuntario, aparición de la individualidad, procreación, degradación, muerte y desaparición del individuo?